AF267019

29 SEPTEMBRE 1879

DISCOURS

PRONONCÉ PAR

M. HENRI PARIS

ANCIEN MAIRE DE REIMS

ÉPERNAY

IMPRIMERIE TYPOGRAPHIQUE DE L. DOUBLAT

1879

29 SEPTEMBRE 1879

BANQUET DE LA MARNE

29 SEPTEMBRE 1879

DISCOURS

PRONONCÉ PAR

M. HENRI PARIS

ANCIEN MAIRE DE REIMS

ÉPERNAY

IMPRIMERIE TYPOGRAPHIQUE DE L. DOUBLAT

1879

29 SEPTEMBRE 1879

DISCOURS

PRONONCÉ PAR

M. HENRI PARIS

AU

BANQUET DE LA MARNE

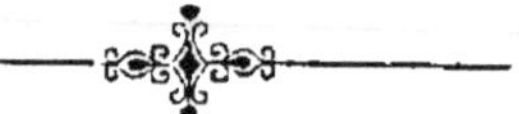

Messieurs,

J'ai l'honneur de porter la santé du Chef de la Maison de France, Monseigneur le comte de Chambord.

C'est à dessein que je prononce ce nom seul; le Prince n'a jamais voulu en porter d'autre sur la terre étrangère où l'ont jeté, enfant et innocent de tout, les Révolutions successives qui ont désolé notre pays. Il n'a pas pensé pouvoir porter le titre auquel lui donnaient droit sa naissance et les anciennes Constitutions du pays, sans être appuyé sur la main de justice et sur l'épée de la France pour le faire respecter, s'il en était besoin.

Aussi bien a-t-il pris pour devise, dès qu'il est arrivé à l'âge d'homme, ces mots caractéristiques : « Tout pour la France; « tout par la France ! »

« Par la France ! » entendez-le bien, il marque par là le cas qu'il fait de la volonté populaire; il entend ne devoir sa couronne ni à la force, ni à la surprise, et il se conforme en cela aux principes de notre vieux droit public qui fait résulter la souveraineté de ces deux conditions essentielles et inséparables : L'hérédité

du Prince et l'assentiment du peuple.
(Applaudissements.)

L'hérédité du Prince, c'est là la condition protectrice de l'ordre et de la stabilité
des Etats, condition placée au-dessus du
pouvoir des hommes et qui dépend de
Dieu seul; c'est ce qui a fait donner à la
grande loi de la transmission héréditaire
de la Couronne le nom de Droit divin,
nom que les passions révolutionnaires ont
dénaturé, dont elles ont exagéré la portée
et qu'elles ont signalé au peuple comme
une atteinte à la dignité et à la liberté
humaines, en ayant soin de dissimuler
l'autre condition qui réserve les droits
du peuple et qui est indissolublement liée
à la première.

C'est le choix de la nation qui a placé à
l'origine le sceptre aux mains de nos
Rois; c'est l'intérêt de la nation qui a
voulu qu'il fût transmis à la fin de chaque

règne sans secousses, sans interruption, aux mains de l'héritier par l'effet de cette maxime de droit : « Le mort saisit le vif, » traduite dans le langage populaire par le cri de nos pères : Le Roi est mort, Vive le Roi ! Et cela pour donner à la vie sociale et nationale cette étendue, cette perpétuité, cette régularité qui, seules, peuvent chez un grand peuple assurer l'ordre et la liberté, écarter de lui les compétitions qui divisent les citoyens, les arment les uns contre les autres, et les révolutions qui affaiblissent les nations, les démoralisent et les amènent fatalement à leur ruine.

Jamais M. le comte de Chambord n'a vu, dans les droits que lui conféraient les lois de la Monarchie française, autre chose que des devoirs à remplir ; ces droits, il l'a répété maintes fois, sont moins les siens que ceux de la France, car les gouvernements sont faits pour les peuples et non les peuples pour les gouvernements. Nous n'appartenons pas au Roi, mais le Roi nous appartient; aussi s'est-il écrié souvent :

« Je ne veux pas être dans un intérêt « personnel une cause de troubles et de « malheurs pour ma patrie ; je ne veux « jamais remettre le pied en France que « lorsque ma présence sera utile à son « bonheur et à sa gloire. »

« Dépositaire du principe fondamental « de la Monarchie, a-t-il dit ailleurs, je « sais que cette Monarchie ne répondrait « pas à tous les besoins de la France, si « elle n'était en harmonie avec son état « social, ses mœurs, ses intérêts, et *si la* « *France n'en acceptait avec confiance la* « *nécessité.* »

Plus tard, s'adressant aux Français, il leur dit :

« La France veut-elle voir le terme de
« ses agitations stériles, source de tant
« de malheurs ? — *C'est à vous de ré-*
« *pondre !* »

Le droit de l'hérédité, qui préside à
la transmission des pouvoirs comme à
celle de toutes les fortunes privées,
n'exclut donc, ni dans la rigueur des
principes monarchiques, ni dans la pensée
de celui qui en est l'auguste personnifi-
cation, le consentement et la volonté du
peuple.

Tant donc que cette volonté ne se
manifestera pas, que la France ne le
rappellera pas, Celui qui seul peut être
le Roi restera le comte de Chambord, et
ne lui donner que ce *seul* titre, c'est se
conformer aux lois du pays ainsi qu'à
la volonté du Prince lui-même. (Cris
nombreux de : Vive le Roi !)

Arrêtez, Messieurs ! Il est une autre

raison qui vous touchera peut-être davantage ; c'est que nous sommes et qu'on nous appelle avec raison légitimistes, — légitimistes, c'est-à-dire les scrupuleux observateurs de la loi de leur pays. Or, la loi, dans son acception la plus large, ne s'entend pas seulement des principes supérieurs sans lesquels les sociétés ne seraient pas, mais aussi des lois humaines, quelque passagères qu'elles puissent être.

Or, la Loi qui nous régit ne reconnaît pas de Roi : Sans doute elle a été *votée* à *une* voix de majorité ; sans doute elle est révocable d'après son texte et surtout d'après sa nature, puisque, reposant sur la seule volonté nationale exprimée par des mandataires révocables eux-mêmes, elle est, comme eux, exposée aux changements, aux caprices mêmes de cette volonté, à laquelle nulle borne ne peut être assignée. Mais, tant qu'elle existe, elle s'impose au respect de tous ; nous pouvons ne pas l'approuver, nous devons la subir et nous incliner devant elle. Gardons-nous donc d'aucune appellation qui puisse être considérée comme séditieuse.

On nous a traités de conspirateurs ! Ceux-là mêmes qui nous font cette injure savent que nous ne la méritons pas. On pourrait faire de nous des martyrs, jamais des conspirateurs ; nous avons horreur des sociétés secrètes, des liens qui enchaînent la liberté et l'indépendance des consciences et qui sont une atteinte à la dignité de l'homme. C'est contre nous et contre nos opinions qu'on a toujours conspiré. Quant à nous, nous n'attendons rien que de la seule volonté du peuple désabusé des chimères dont on le repaît, ramené au sentiment vrai de ses intérêts et à la reconnaissance de ses véritables

amis. « La parole est à la France et
« l'heure est à Dieu ! »

Conspirer, s'entend d'engagements, de
projets d'actes contractés, médités et
accomplis dans l'ombre et dans le
mystère ! Or, la salle où nous sommes,
quoiqu'on en ait dit, n'a rien de mysté-
rieux. Ces prétendues caves dominent au-
dessus du sol toute la ville de Châlons ;
le soleil et le jour y pénètrent de toutes
parts ; nous y sommes réunis en plein
midi ; nous portons haut et ferme notre
foi et nos croyances, l'amour seul de la
Patrie nous anime et, comme notre Chef,
nous disons : « Tout pour la France, par
« la France et avec la France ! » (Bravos
répétés.)

A la santé donc de Mgr le comte de
Chambord ! (Cris : Vive le comte de
Chambord ! — L'orateur est interrompu
par des vivats enthousiastes.)

Messieurs, permettez - moi quelques mots encore; je voudrais profiter de cette nombreuse réunion pour vous parler de la situation où nous sommes et revenir quelque peu sur le passé.

Il y a 59 ans, à pareil jour, que naissait à Paris, dans ce palais des Tuileries que des mains doublement criminelles livraient aux flammes, il y a quelques années, sous les yeux d'un ennemi arrogant et vainqueur ; il y a 59 ans, dis-je, que naissait le Prince dont nous fêtons l'anniversaire. C'était au moment le plus florissant de cette époque qu'on a justement appelée la Restauration, que beaucoup d'entre vous n'ont pas vue et dont le souvenir semble oublié de la génération actuelle, distraite qu'elle a été par les Révolutions successives qui ont agité le pays.

A la chute du puissant et glorieux

génie qui avait relevé la France épuisée
par les excès de la Révolution et agoni-
sante sous les hontes du Directoire, de cet
esprit supérieur qui comprenait si bien
les conditions de durée des dynasties
qu'il « regrettait de ne pas être son petit
fils, » rendant ainsi hommage au principe
que nous défendons ; à la chute, dis-je, de
cet homme prodigieux, le roi Louis XVIII,
en ramenant la Monarchie nationale
exilée, avait eu le rare bonheur de sauver
nos frontières envahies et de nous res-
tituer la liberté depuis longtemps perdue.
(Bravo ! bravo !)

Le vent de la prospérité avait de nouveau enflé les voiles de la France ; les
arts, les lettres, le commerce, l'industrie,
la fortune publique, tout avait pris un
brillant essor. Le poignard d'un assassin,
en tranchant les jours du duc de Berry,
sur lequel reposaient les espérances de

l'avenir, venait d'assombrir le ciel si pur de la patrie, lorsque la naissance de M. le comte de Chambord, — « cet ange que promit à la terre un martyr partant pour les cieux », — rendit le jour et la joie à notre ciel en deuil. L'enthousiasme fut à son comble ; le jeune prince fut appelé l'enfant de l'Europe, et la France l'accueillit comme l'anneau destiné à relier les temps anciens aux temps modernes.

Hélas ! quelques années plus tard le jeune prince, âgé de moins de 10 ans, prenait le chemin de l'exil, victime d'une insurrection que des fautes pouvaient expliquer, sans l'excuser jamais. Ces fautes, Messieurs, il ne faut pas les méconnaître, — et quel parti n'en a pas commis ! — il faut surtout ne pas les oublier pour ne pas les répéter, si l'occasion se présentait jamais. (Très-bien, très-bien.)

Un prince du sang crut alors pouvoir, afin de sauver la France de l'anarchie, accepter une couronne, que l'émeute avait jetée à terre et que la Révolution ramassa sur le pavé des barricades. Aussi, malgré les efforts du nouveau Roi pour le bien du pays, malgré sa prudence et sa sagesse si justement vantées, malgré ses vertus privées, malgré les bénédictions du Ciel répandues sur une union qui lui donna un grand nombre d'enfants doués de toutes les qualités qui peuvent orner la nature humaine, rien ne put le sauver à son tour des griffes de la Révolution, cette sirène des ambitieux et des mécontents, dont il avait reçu les caresses et accepté les faveurs.

A son tour aussi, après un règne prospère quoique agité, il prenait le chemin de l'exil, frappé quelques années avant par un accident affreux, précurseur des événements qui le menaçaient, la mort de son fils aîné, tué dans une chute de voiture, sur le chemin de la Révolte.

Pauvre Roi qui, à son lit de mort, recommandait à ses enfants de se rapprocher du Chef de sa Famille !

Oublions, Messieurs, nos querelles passées et saluons sans hésitation le bien qu'il a fait et celui qu'il a voulu faire. Saluons aussi ses fils au cœur si français, descendants directs de notre grand roi Henri, petits-neveux de Louis XIV, l'espoir de la Monarchie française, ses plus intéressés et ses plus puissants soutiens ! (Applaudissements.)

La Révolution de 1848 nous rendit une seconde fois la République, et cette fois, à part les exagérations et les excès des premiers jours, on peut rendre justice aux efforts généreux de ceux qui s'en firent les patrons et les défenseurs. Un souffle de véritable liberté agitait alors les esprits ; l'enthousiasme était sincère et chacun accepta les promesses du nouveau régime. Les hommes les plus honnêtes et les plus distingués, Lamartine, Arago, Marie, Bethmont, Cavaignac, tout ce que la France comptait de citoyens éminents dans l'armée, les lettres, le barreau, s'était mis courageusement à l'œuvre. Religion, famille, propriété, liberté, tout était respecté. Mais les excitations qu'entraîne avec elle la Révolution triomphante déchaînèrent bientôt les passions les plus subversives. Cavaignac, comme M. Thiers de nos jours, dût canonner la foule, — (Cris : c'est *vrai*, c'est *vrai*.) — et le pays effrayé se jeta dans les bras de l'héritier de Napoléon.

Je ne veux rien dire des origines du nouveau règne ; l'empereur Louis-Napoléon en a confessé les torts, le peuple l'en a absout; mais je ne pourrais, sans injustice, ne pas reconnaître et rappeler les années de prospérité qu'il a données au pays et la gloire de ses premières armes. Un instant même, on put croire que l'ère des Révolutions était fermée; les légistes de son temps croyaient avoir fondé à jamais une quatrième dynastie, et appelaient son fils le Fils de France. L'Empereur lui-même se crut assez fort pour donner quelques libertés; malheureusement, en permettant de discuter ses origines, il compromit son prestige. Vous savez, Messieurs, les désastres de la guerre qui fut faite pour chercher à le reconquérir.

La France, pour la quinzième fois peut-être depuis moins d'un siècle, fut appelée à voter une nouvelle Constitution. Il semblait qu'il fût facile alors, en tenant compte de l'expérience, de rentrer dans les voies perdues. La division des partis ne le permit pas ; des royalistes eux-mêmes votèrent la République, pensant que ce n'était qu'une trêve, et les républicains bientôt en firent un régime définitif, — (Vives réclamations.) — comme si rien était définitif en France !

En tous cas, nos maîtres actuels n'ont guère pris le moyen d'atteindre ce but, et nous pouvons dire que, jusqu'alors, les hommes ont complétement manqué à cette tâche ; au lieu d'entrer résolûment dans la voie des concessions libérales, de traiter les indécis et les défiants avec les ménagements que comportait la situation, de respecter les convictions contraires en cherchant à les ramener à eux, les républicains ont menacé et détruit toutes les positions acquises ; ils se sont jetés avec une âpreté exclusive sur tous les emplois ; au lieu d'inspirer la confiance et de faire oublier les mauvais jours, ils ont fêté les anniversaires les plus révoltants, empruntant aux souvenirs les plus irritants et les plus calamiteux de la première République jusqu'à ses chansons ; faisant hurler à chaque carrefour la *Marseillaise*, ce chant détourné de sa signification première, sans se rappeler qu'il accompagnait les charrettes des victimes menées à l'échafaud et couvraient la voix des martyrs.

Le suffrage universel, ils le souffletèrent en invalidant tous les élus qui leur déplaisaient, pour faire place à leurs amis; ne se contentant pas d'amnistier les bandits de la Commune — la clémence est toujours une bonne chose — ils leur ménagent des triomphes et les reçoivent comme des victimes et comme des héros.

Enfin, invoquant je ne sais quelle raison d'Etat et s'attaquant à la Religion,

sous prétexte de combattre le cléricalisme,
ils veulent, — les insensés! — chasser
Dieu des hôpitaux et des écoles; ils vont
jusqu'à porter atteinte au plus inviolable
et au plus imprescriptible de tous les
droits : celui des pères de famille sur
leurs enfants!

Ils nous accusent de vouloir exiger
des billets de confession ! Mensonge, qui
d'ailleurs s'explique dans leur bouche,
puisqu'ils veulent au contraire imposer,
pour l'accès de toutes les carrières, des
billets de *non-confession*. (Bravos répétés.)

Quand ils auront mis la main sur nos
enfants, notre bien le plus précieux, que
feront-ils de nos autres biens ?

C'est là, Messieurs, ce qui impose aux
conservateurs un devoir étroit d'union
et d'entente que vous comprenez tous;
j'en atteste l'empressement que vous avez

mis à venir à cette réunion. (Cris una-
nimes : *oui ! oui !*)

Naguère encore, beaucoup d'esprits in-
quiets se tournaient avec confiance vers
le jeune Prince qui avait échappé au
naufrage de l'Empire, que sa jeunesse et
l'amour d'une mère, qui s'était concilié
tant de sympathies, entouraient d'une
poésie véritable. Ce pauvre jeune homme,
frappé par une mort héroïque, auquel,
dans son malheur, il n'a manqué que
de verser son sang pour la Patrie, comme
il l'eût désiré, a emporté avec lui cette
espérance. (Très-bien, très-bien.)

C'est pour cela, Messieurs, qu'il est
plus important que jamais que les royalistes affirment leurs convictions et ras-
surent le pays pour le cas où les malheurs
que nous redoutons viendraient à fondre
sur lui. Il faut qu'on sache qu'alors le
Roi ne ferait pas plus défaut au salut de

la France que ses amis à l'appel d'union
et de dévouement qui leur serait fait.
(Cris : *oui, oui.*)

M. le comte de Chambord, a-t-on répété
souvent, ne se soucie pas de régner.
Vous avez entendu les paroles que je vous
citais au commencement de ce discours,
et vous vous rappelez la fin de sa dernière
lettre à **M.** de Foresta : « Je le veux, je
le dois ! »

Mais il a refusé, en 1873, de sacrifier
son drapeau ? Savez-vous, Messieurs, si
c'est là la raison véritable de son absten-
tion et ne vous rappelez-vous pas qu'il
avait dit alors : « Je saluerai le drapeau
« tricolore et je me réserve de proposer
« aux Chambres une transaction compa-
« tible avec mon honneur et le sentiment
« public. » Il ajoutait que le moment
n'était pas venu d'expliquer tout ce qui
s'était passé alors. Nous devons, Messieurs,

respecter sa réserve ; mais ne nous est-il pas permis de nous demander si l'étranger ne voulait pas alors lui imposer la ratification de traités qu'il devait subir, mais qu'il ne pouvait approuver ?

Le petit-fils de Louis XIV pouvait-il mettre sa signature au bas d'un traité qui nous enlevait l'Alsace héroïquement conquise par son aïeul, et la Lorraine que nous avait donnée Louis XV ? (Applaudissements prolongés.)

N'a-t-on pas voulu aussi renouveler avec lui le pacte de 1830, comme si l'expérience n'en démontrait pas les dangers ? Pourquoi se défier de lui, après toutes les déclarations qu'il avait faites ? N'a-t-il pas dit et répété souvent qu'il ne voulait pas être le Roi d'un parti, mais le Roi et le père de tous les Français ? Qu'il ne comprenait pas une Monarchie qui ne fût pas en harmonie avec les besoins et les mœurs de son temps ; que l'égalité civile et politique, l'admissibilité de tous à tous les emplois publics, la liberté de conscience dans son acception la plus large, le vote de l'impôt et des lois par des Assemblées périodiques, étaient des conquêtes définitivement acquises, et qu'il reprendrait avec nous, quand nous le voudrions, le grand mouvement national de 1789 ? (Bravos.)

On lui reproche sa dévotion ; on semble craindre que son avénement ne soit le triomphe de ce qu'on appelle le cléricalisme. N'a-t-il pas l'exemple de saint Louis, de Charles VII, de Louis XII, de François Ier, de Louis XIII, de Louis XIV, luttant, malgré leur piété et leur titre de *Fils aînés de l'Église,* contre les envahissements qui pouvaient être alors à craindre de la part du gouvernement du St-Siège ? N'a-t-il pas écrit ce résumé remarquable sur la délimitation des deux pouvoirs : « Indépendance complète du « pouvoir temporel dans les choses tem- « porelles ; indépendance complète du. « pouvoir spirituel dans les choses spi- « rituelles ; et, dans les choses mixtes, « accord et bienveillance des deux pou- « voirs. »

Je sais, Messieurs, que les préjugés qui obscurcissent l'esprit du peuple sont dif- ciles à dissiper ; voilà si longtemps qu'on est intéressé à le tromper ! Mais c'est vers cela que doivent converger tous vos efforts ; il faut que partout, en toute occa- sion, vous disiez ce qu'est en réalité M. le comte de Chambord et ce que serait sa Monarchie ; que celle-ci seule, placée qu'elle serait au-dessus des controverses, pourrait vivre en harmonie avec les libertés et assurer l'ordre sans lequel un pays ne saurait être prospère ; répétez que M. le comte de Chambord est un esprit large, libéral, généreux, qui, pendant les longues années de son exil, ne s'est occupé qu'à se rendre digne du rôle que lui avait assigné la Providence ; qu'entre ses mains la justice peut être clémente ; qu'avec lui toutes les ambitions honnêtes seront satisfaites de quelque part qu'elles viennent, et que c'est avec lui que peuvent s'établir seulement la véritable égalité et la vraie liberté.

Dites surtout aux ouvriers qu'il n'a jamais eu, dans ses longues méditations, de plus grand souci que celui de l'amélioration de leur sort ; qu'il ne sacrifiera jamais rien à de vaines utopies ; que, pour tout ce qui concerne le travail national, les intérêts du commerce et de l'agriculture, il n'entendra jamais prendre pour règle que l'intérêt du plus grand nombre. (Applaudissements.)

Rappelez enfin, pour bien saisir les esprits, que, de tous les princes nés sur les marches du Trône, il est le seul qui subsiste; — le duc de Reichstadt, le duc d'Orléans, le Prince Impérial sont successivement morts à la fleur de leur âge, sans pouvoir profiter de cette loi de l'hérédité qu'on avait voulu rétablir pour eux, — et M. le comte de Chambord, le véritable héritier, si justement appelé au moment de sa naissance du nom de Dieudonné, demeure seul, réservé qu'il est par la Providence pour le salut du Pays.

Avec lui, Messieurs, soyez-en sûrs, la France, cette terre bénie de Dieu, si grande, si fière, si riche malgré ses adversités, redeviendra la première et la plus grande des nations et reprendra dans le monde ce rôle de civilisation auquel elle n'aurait jamais dû faillir. (Applaudissements prolongés.)

Buvons donc, Messieurs, à la santé de Mgr le comte de Chambord ! A Celui que ses contemporains ont déjà surnommé *l'homme le plus honnéte de son siècle*. (Cris nombreux et enthousiastes : Vive M. le comte de Chambord !)

ÉPERNAY. — IMP. L. DOUBLAT

* 9 7 8 2 0 1 2 4 8 2 6 1 6 *